ASTÉRIX
CHEZ
LES BRETONS

TEXTE DE GOSCINNY

DESSINS DE UDERZO

DARGAUD ÉDITEUR

PARIS · BARCELONE · BRUXELLES · LAUSANNE · LONDRES · MONTREAL · NEW YORK · STUTTGART

ASTÉRIX EN LANGUES ÉTRANGÈRES :

AFRIQUE DU SUD	Hodder Dargaud, c/o Struik Book Distributors (Pty) Ltd., Graph Avenue, Montague Gardens 7441, Afrique du Sud
ALLEMAGNE	Delta Verlag GmbH, Postfach 10 12 45, 7000 Stuttgart 10, Allemagne
AMÉRIQUE HISPANOPHONE	Grijalbo-Dargaud, Aragon 385, 08013 Barcelone, Espagne
AUSTRALIE	Hodder Dargaud, Rydalmere Business Park, 10/16 South Street, Rydalmere, N.S.W. 2116, Australie
AUTRICHE	Delta Verlag GmbH, Postfach 10 12 45, 7000 Stuttgart 10, Allemagne
BELGIQUE	Dargaud Benelux, 17 avenue Paul Henri Spaak, 1070 Bruxelles, Belgique
BIÉLORUSSIE	c/o Egmont Lithuania, Juozapaviciaus 9 A, Room 910/911, Vilnius, Lituanie
BRÉSIL	Record Distribuidora, Rua Argentina 171, 20921 Rio de Janeiro, Brésil
BULGARIE	Egmont Bulgaria Ltd., Ul. Sweta Gora 7, 1421 Sofia, Bulgarie
CANADA	*Distribution langue française :* Presse-Import Leo Brunelle Inc., 371 Deslauriers St., St. Laurent, Montréal, Québec H4N 1W2, Canada *Distribution langue anglaise :* General Publishing Co. Ltd., 30 Lesmill Road, Don Mills, Ontario M38 2T6, Canada
RÉPUBLIQUE DE CORÉE	Éditions Cosmos, 19-16 Shin An-dong, Jin Ju, Gyung Nam-do, République de Corée
CROATIE	Izvori Publishing House, Trnjanska 47, 4100 Zagreb, Croatie
DANEMARK	Serieforlaget A/S (Groupe Egmont), Vognmagergade 11, 1148 Copenhague K, Danemark
EMPIRE ROMAIN	*(Latin)* Delta Verlag GmbH, Postfach 10 12 45, 7000 Stuttgart .10, Allemagne
ESPAGNE	*(Castillan et Catalan)* Grijalbo-Dargaud, Aragon 385, 08013 Barcelone, Espagne
ESTONIE	Egmont Estonia Ltd., Tartu Mnt. 16, Building A, 3rd Floor, Tallinn EE 0105, Estonie
ÉTATS-UNIS D'AMÉRIQUE	*Distribution langues anglaise et française :* Presse-Import Leo Brunelle Inc., 371 Deslauriers St., St. Laurent, Montréal, Québec H4N 1W2, Canada
FINLANDE	Sanoma Corporation, POB 107, 00381 Helsinki, Finlande
GRÈCE	*(Grec ancien et moderne)* Mamouth Comix Ltd., Ippokratous 44, 106080 Athènes, Grèce
HOLLANDE	Dargaud Benelux, 17 avenue Paul Henri Spaak, 1070 Bruxelles, Belgique *Distribution :* Betapress, Burg. Krollaan 14, 5126 PT Jilze, Hollande
HONG KONG	*(Anglais)* Hodder Dargaud, c/o Publishers Associates Ltd., 11th Floor, Taikoo Trading Estate, 28 Tong Cheong Street, Quarry Bay, Hong Kong *(Mandarin et Cantonais)* Gast, Flat C, 5/F, Block 3, Site 1, Whampoa Garden, Hunghom KLN, Hong Kong
HONGRIE	Egmont Hungary Kft., Fészek utca 16 B, 1125 Budapest, Hongrie
INDONÉSIE	Pt. Sinar Harapan, Jl. Dewi Sartika 136D, Jakarta Cawang, Indonésie
ITALIE	Mondadori, Via Belvedere, 37131 Vérone, Italie
LETTONIE	Egmont Latvia Ltd., Balasta Dambis 3, Room 1812, 226081 Riga, Lettonie
LITUANIE	Egmont Lithuania, Juozapaviciaus 9 A, Room 910/911, Vilnius, Lituanie
LUXEMBOURG	Imprimerie St. Paul, rue Christophe Plantin 2, Luxembourg
NORVÈGE	A/S Hjemmet (Groupe Egmont), Kristian den 4des gt. 13, Oslo 1, Norvège
NOUVELLE-ZÉLANDE	Hodder Dargaud, PO Box 3858, Auckland 1, Nouvelle-Zélande
POLOGNE	Egmont Polska Ltd., Plac Marszalka J. Pilsudskiego 9, 00-078 Varsovie, Pologne
PORTUGAL	Meriberica-Liber, Av. Duque d'Avila 69, R/C esq., 1000 Lisbonne, Portugal
ROYAUME-UNI	Hodder Dargaud, Mill Road, Dunton Green, Sevenoaks, Kent TN13 2YA, Angleterre
RUSSIE	Egmont Russia Ltd., Narodnaya Ulitsa 13, Apt. 123, 109172 Moscou, Russie
SERBIE	Nip Forum, Vojvode Misica 1-3, 2100 Novi Sad, Serbie
RÉPUBLIQUE SLOVAQUE	Egmont Neografia, Nevädzova 8, Box 20, 827 99 Bratislava 27, République Slovaque
SLOVÉNIE	Didakta, Radovljica Kranjska Cesta 13, 64240 Radovljica, Slovénie
SUÈDE	Serieförlaget Svenska AB (Groupe Egmont), 212 05 Malmö, Suède
SUISSE	Dargaud (Suisse) S.A., En Budron B, Le Mont-sur-Lausanne, Suisse
RÉPUBLIQUE TCHÈQUE	Egmont CSFR, Hellichova 45, 118 00 Prague 1, République Tchèque.

© **DARGAUD ÉDITEUR 1966**

Tous droits de traduction, de reproduction et d'adaptation strictement
réservés pour tous pays.
Dépôt légal : Décembre 1995
ISBN 2-205-00185-X
ISSN 0758-4520

Imprimé et relié en Décembre 1995 par Partenaires
Printed in France

VILLAGE GAVLOIS

PETIBONVM

LAVDANVM

AQVARIVM

BABAORVM

ARMORIQVE

BELGIQVE

LVTÈCE

SPQR

GAVLE
(CONQVÊTE ROMAINE)
50 avant J.C.

CELTIQVE

PROVINCE
ROMAINE

AQVITAINE

...us sommes en 50 avant Jésus-Christ. Toute la Gaule est ...cupée par les Romains... Toute? Non! Un village peuplé ...réductibles Gaulois résiste encore et toujours à l'envahisseur. ...a vie n'est pas facile pour les garnisons de légionnaires ...ains des camps retranchés de Babaorum, Aquarium, Laudanum et Petitbonum...

QUELQUES GAULOIS...

Astérix, le héros de ces aventures. Petit guerrier à l'esprit malin, à l'intelligence vive, toutes les missions périlleuses lui sont confiées sans hésitation. Astérix tire sa force surhumaine de la potion magique du druide Panoramix...

Obélix, est l'inséparable ami d'Astérix. Livreur de menhirs de son état, grand amateur de sangliers, Obélix est toujours prêt à tout abandonner pour suivre Astérix dans une nouvelle aventure. Pourvu qu'il y ait des sangliers et de belles bagarres.

Panoramix, le druide vénérable du village, cueille le gui et prépare des potions magiques. Sa plus grande réussite est la potion qui donne une force surhumaine au consommateur. Mais Panoramix a d'autres recettes en réserve...

Assurancetourix, c'est le barde. Les opinions sur son talent sont partagées : lui, il trouve qu'il est génial, tous les autres pensent qu'il est innommable. Mais quand il ne dit rien, c'est un gai compagnon, fort apprécié...

Abraracourcix, enfin, est le chef de la tribu. Majestueux, courageux, ombrageux, le vieux guerrier est respecté par ses hommes, craint par ses ennemis. Abraracourcix ne craint qu'une chose : c'est que le ciel lui tombe sur la tête, mais comme il le dit lui-même : «C'est pas demain la veille!»

SUR LE MARE BRITANNICUM, BRAS DE MER QUI SÉPARE LA BRETAGNE DU CONTINENT, UN NAVIRE PIRATE NAVIGUE AVEC PRUDENCE...

BRETAGNE
LONDINIVM
PORTVS ITIVS
MARE BRITANNICVM
GAVLE

BIEN! NOUS AVONS PU FAIRE SUFFISAMMENT D'ÉCONOMIES POUR ACHETER CE BATEAU, MAIS FAISONS ATTENTION; MÉFIONS-NOUS DES GAULOIS!

'NAVI' A 'ABO'D !

SONT-CE DES GAULOIS, PAR TOUTATIS ?...

NON! SONT-CE DES 'OMAINS PA' JUPITE'!

PARFAIT, PARFAIT! HYARRGH! HYARRGH! HYARRGH!...

ÉNO'MÉMENT DE 'OMAINS! LA ME' EST COUVE'TE DE 'OMAINS!

?!?

MAIS?... MAIS?... FUYONS!

TROP TARD!...

B!!!!!!! ELLE EST F'OIDE!

O FORTUNATOS NIMIUM, SUA SI BONA NORINT AGRICOLAS!

AU LIEU DE FAIRE DES CALEMBOURS FACILES, GARÇON J'AIMERAIS MIEUX QUE TU ME DISES CE QUE C'ÉTAIT QUE ÇA!...

ÇA, C'ÉTAIT TOUT SIMPLEMENT JULES CÉSAR ALLANT ENVAHIR LA BRETAGNE, AVEC TOUTE SA FLOTTE ET TOUTE SON ARMÉE!

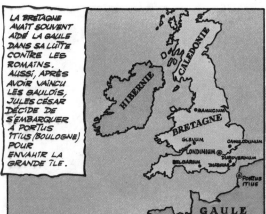

LA BRETAGNE AVAIT SOUVENT AIDÉ LA GAULE DANS SA LUTTE CONTRE LES ROMAINS. AUSSI, APRÈS AVOIR VAINCU LES GAULOIS, JULES CÉSAR DÉCIDE DE S'EMBARQUER À PORTUS ITIUS (BOULOGNE) POUR ENVAHIR LA GRANDE ÎLE.

LES BRETONS RESSEMBLAIENT AUX GAULOIS ET BEAUCOUP D'ENTRE EUX ÉTAIENT LES DESCENDANTS DES TRIBUS VENUES DE GAULE POUR S'INSTALLER EN BRETAGNE. ILS PARLAIENT LA MÊME LANGUE QUE LES GAULOIS, MAIS AVAIENT UNE FAÇON UN PEU SPÉCIALE DE S'EXPRIMER...

BONTÉ GRACIEUSE! CE SPECTACLE EST SURPRENANT!

IL EST, N'EST-IL PAS?...

LES BRETONS ÉTAIENT COMMANDÉS PAR LE CHEF CASSIVELLAUNOS

MAIS LES BRETONS, MALGRÉ TOUTE LEUR BRAVOURE, AVAIENT D'ÉTRANGES COUTUMES QUI NUISAIENT À L'EFFICACITÉ DE LEURS ARMES...

AOH! JE PENSE QU'IL VA ÊTRE L'HEURE N'EST-IL PAS?

L'HEURE?... L'HEURE DE QUOI?

BANG!

JE DEMANDE VOTRE PARDON. NOUS CONTINUERONS PLUS TARD.

MAIS OÙ VONT-ILS, PAR JUPITER?

JE NE SAIS PAS, PAR MERCURE! ILS NOUS LAISSENT TOMBER EN PLEIN COMBAT. ÇA NE SE FAIT PAS, ÇA!

... ILS S'ARRÊTAIENT TOUS LES JOURS À 5 HEURES, POUR BOIRE DE L'EAU CHAUDE...

JE PRENDRAI UN NUAGE DE LAIT, JE VOUS PRIE.

S'IL VOUS PLAÎT, FAITES!

PUIS-JE AVOIR DE LA MARMELADE POUR LES RÔTIES?

SÛR, VOUS POUVEZ!

ET EN PLUS, ILS S'ARRÊTAIENT DEUX JOURS TOUS LES CINQ JOURS...

FIN DE SEMAINE. DÉSOLÉ!....

MAIS ILS M'AGACENT À LA FIN !!!

JULES CÉSAR, FIN STRATÈGE, DÉCIDA ALORS DE NE LIVRER BATAILLE QUE VERS CINQ HEURES TOUS LES JOURS ET TOUTE LA JOURNÉE LES JOURS DE REPOS DES BRETONS...

AOH! CHOQUANT. CE NE SONT PAS DES GENTILS HOMMES.

À L'ATTAQUE PAR JUNON!

ET BIENTÔT, CASSIVELLAUNOS DOIT SE SOUMETTRE ET TOUTE LA BRETAGNE EST OCCUPÉE...

TOUTE? NON! CAR UN VILLAGE RÉSISTE ENCORE À L'ENVAHISSEUR. UN PETIT VILLAGE DANS LE CANTIUM...

...E PETIT VILLAGE QUI RÉSISTE VICTORIEUSEMENT AUX ASSAUTS ...OMAINS, EST PEUPLÉ DE ...RETONS TEIGNEUX, SOUS LES ...RDRES DU CHEF ZÉBIGBOS...

TCHAC!

IL Y A LÀ DES HOMMES VENUS DE TOUTE LA BRETAGNE, UNIS PAR LEUR AMOUR DE LA LIBERTÉ. PARMI EUX, DES HIBER-NIENS ET DES CALÉDONIENS...

O'TORINOLARINGOLOGIX ET MOI MÊME AVONS ÉTÉ CONVOQUÉS PAR LE CHEF, JOLITORAX.

OUI, MAC ANOTÉRAPIX, LA SITUATION EST ASSEZ SÉRIEUSE. PLUTÔT.

...N EFFET...

NOUS NE POURRONS PLUS TENIR BIEN LONGTEMPS CONTRE LES ROMAINS. IL NOUS FAUT. DE L'AIDE.

MERCI. PAS DE SUCRE. DU LAIT. UN NUAGE.

J'AI UN COUSIN GERMAIN QUI HABITE EN GAULE. SON VILLAGE RÉSISTE DEPUIS LONGTEMPS AUX ROMAINS. IL PARAÎT QUE C'EST GRÂCE À UNE POTION MAGIQUE QUI LEUR DONNE UNE FORCE SURHUMAINE.

3A

...OLITORAX! VA EN ...AULE VOIR TON ...OUSIN ET RAPPORTE-...OUS DE LA POTION ...AGIQUE. C'EST NOTRE ...ERNIER ESPOIR.

AOH. CELA ME PERMETTRA DE REVOIR MON CHER COUSIN ASTÉRIX: JE NE L'AI PAS VU DEPUIS LONGTEMPS. QUOI ?

JE PORTE UN TOAST AU SUCCÈS DE CETTE MISSION !

DÈS LA NUIT VENUE...

BONNE CHANCE, ET TOUTE CETTE SORTE DE CHOSES..

...L'HABILE JOLITORAX ...RVIENT À SE GLISSER ...RAVERS LES LIGNES ...MAINES...

CETTE NUIT, ON EST TRANQUILLES. IL N'Y A PAS DE BROUILLARD, ILS NE VONT PAS ESSAYER DE SORTIR CES BRETONS.

...ET À ATTEINDRE LA CÔTE POUR S'EMBARQUER À BORD D'UN FRÊLE ESQUIF, EN DIRECTION DE LA GAULE.

JOLITORAX A ÉTÉ ÉLEVÉ DANS LA TRIBU DES CAMBRIDGES QUI SONT, AVANT TOUT, D'EXCELLENTS RAMEURS.

TCHAC! TCHAC!

LA PAIX RÈGNE DANS LE PETIT VILLAGE GAULOIS QUE NOUS CONNAISSONS BIEN. ELLE RÈGNE MÊME TELLEMENT QUE...

JE M'ENNUIE, ASTÉRIX. IL N'Y A PRESQUE PLUS DE ROMAINS.

TU SAIS BIEN, OBÉLIX, QUE LES ROMAINS SONT EN BRETAGNE, POUR LA PLUPART

MAIS, CE N'EST PAS JUSTE ÇA! SI LES BRETONS VEULENT S'AMUSER AVEC LES ROMAINS, ILS N'ONT QU'À VENIR ICI, AU LIEU DE LES EMMENER CHEZ EUX!

POUR LA DERNIÈRE FOIS, OBÉLIX : LES BRETONS N'ONT PAS EMMENÉ LES ROMAINS CHEZ ...

HEM, HEM!

JE DIS MESSIEURS: POURRIEZ-VOUS M'INDIQUER LA RÉSIDENCE DE Mr ASTÉRIX?

?!

JE SUIS ASTÉRIX!

JE DIS. ÇA C'EST UN MORCEAU DE CHANCE! JE SUIS JOLITORAX! SECOUONS-NOUS LES MAINS!

JOLITORAX! MON COUSIN GERMAIN!

ET ÇA, C'EST OBÉLIX, MON MEILLEUR AMI!

SECOUONS-NOUS LES MAINS!...

BON.

OBÉLIX!

BOM! BOM! BOM! BOM!

MAIS C'EST CE GERMAIN QUI M'A DIT...

CE N'EST PAS UN GERMAIN, C'EST UN BRETON ET IL NE PARLE PAS TOUT À FAIT COMME NOUS.!!!

SPLENDIDE! SPLENDIDE!

NELLE FORCE! ELLE
OUS VIENT DE LA
AGIQUE POTION?

OUI, OBÉLIX EST
TOMBÉ DANS LA
MAGIQUE POTION
QUAND IL ÉTAIT
PETIT!...

ON LE SAURA!

JUSTEMENT, COUSIN ASTÉRIX,
IL NOUS FAUT DE LA MAGIQUE
POTION POUR COMBATTRE
LES ROMAINES ARMÉES.

VIENS, JOLITORAX,
NOUS ALLONS PARLER
À ABRARACOURCIX,
NOTRE CHEF!

POURQUOI
PARLEZ-VOUS
À L'ENVERS?

JE DEMANDE
VOTRE PARDON?

JE...??!

C'EST UN GERMAIN
BRETON, MAIS IL NE FAUT
PAS LE SECOUER TROP FORT,
MÊME S'IL LE DEMANDE.

LES EXPLICATIONS D'ASTÉRIX
AYANT ÉTÉ PLUS CLAIRES
QUE CELLES D'OBÉLIX...

NOUS VOUS AIDERONS! JE
VAIS DEMANDER À PANORAMIX,
NOTRE DRUIDE, DE PRÉPARER
DE LA POTION MAGIQUE.
BEAUCOUP DE POTION
MAGIQUE!

5ᴬ

EN ATTENDANT,
IENS CHEZ MOI,
OLITORAX.

JE SERAI RAVI,
J'EN SUIS SÛR,
D'ALLER DANS
LA VÔTRE
MAISON!

VOUS AVEZ
VU MON CHIEN
PETIT?

QUE PUIS-JE T'OFFRIR,
JOLITORAX? UN SANGLIER?
DU LAIT DE CHÈVRE? DE
LA CERVOISE?

UNE TASSE D'EAU CHAUDE
AVEC UN NUAGE DE LAIT
JE VOUS PRIE.

???

ILS SONT BEAUX
CES VÊTEMENTS...
SCROTCH! SCRONTCH!

C'EST DU TISSU DE
CALÉDONIE. NOUS
APPELONS CELA
DU TWEED.

SLIP! SLIP!
C'EST CHER?

MON TAILLEUR
EST RICHE.

VENEZ CHEZ MOI, LA
POTION MAGIQUE EST
PRÊTE. C'EST POUR
EMPORTER, JE CROIS?

5ᴮ

DANS CE TONNEAU, IL Y A DE QUOI DONNER DE LA FORCE À TOUTE TA TRIBU, ET DES SOUCIS À TOUS LES ROMAINS.

JE SUIS TRÈS RECONNAISSANT À VOUS, DRUIDE PANORAMIX...

MAIS COMMENT VAIS-JE FAIRE, TOUT SEUL, POUR EMPORTER CE GRAND TONNEAU EN BRETAGNE?

ÉVIDEMMENT, TU POURRAIS BOIRE DE LA POTION POUR AVOIR LA FORCE DE PORTER LE TONNEAU MAIS CE SERAIT BÊTE D'UTILISER LA POTION POUR ÇA.

PLUTÔT.

TU PENSES À CE QUE JE PENSE, OBÉLIX?

OH. OUI, ASTÉRIX! PUISQUE LES ROMAINS SONT EN BRETAGNE, ALLONS RIGOLER EN BRETAGNE.

EH BIEN, JOLITORAX, SI NOTRE CHEF LE PERMET, NOUS IRONS AVEC TOI EN BRETAGNE.

MERVEILLEUX!... MAIS JE NE VOUDRAIS PAS ÊTRE UN ENNUI POUR VOUS..

TIENS! VOICI LE CHEF.

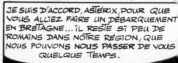

JE SUIS D'ACCORD, ASTÉRIX, POUR QUE VOUS ALLIEZ FAIRE UN DÉBARQUEMENT EN BRETAGNE... IL RESTE SI PEU DE ROMAINS DANS NOTRE RÉGION, QUE NOUS POUVONS NOUS PASSER DE VOUS QUELQUE TEMPS.

JE DIS! ÇA, C'EST UN MORCEAU DE CHANCE!

NOUS ALLONS REVOIR LES ROMAINS! NOUS ALLONS REVOIR LES ROMAINS! TRALALA!

OUAH! OUAH!

ATTENDEZ. JE VAIS VOUS REMPLIR DES GOURDES DE POTION POUR LE VOYAGE.

QUELLES SONT CES HERBES ÉTRANGES, PANORAMIX?

CE SONT DES HERBES QUI VIENNENT DE TRÈS LOIN. JE NE SAIS PAS ENCORE À QUOI ELLES SERVENT. TU PEUX EN PRENDRE SI ÇA T'AMUSE.

...ES AMIS ONT FINI LEURS
PRÉPARATIFS DE DÉPART...

TU SERAS
BIEN SAGE
PENDANT MON
ABSENCE, HEIN
IDÉFIX?

SNIF!

...ET TOUT LE VILLAGE
EST RÉUNI POUR FAIRE
SES ADIEUX AUX
COURAGEUX VOYAGEURS

LYRE? QUELLE
LYRE? NON, JE
N'AI PAS VU TA LYRE,
ASSURANCETOURIX.

MAIS ALORS...
POUR MON CHANT
D'ADIEU?

CRAC!

NOUS AURIONS
DÛ EMPORTER
QUELQUES
VIVRES.

BONTÉ GRACIEUSE!
POURQUOI FAIRE?
EN BRETAGNE, LA
NOURRITURE EST
DÉLICIEUSE, ELLE VOUS PLAIRA
J'EN SUIS SÛR. QUOI?

AH! VOICI
MON BATEAU.

IL N'EST
PAS GROS!

IL EST PLUS PETIT
QUE LE JARDIN
DE MON ONCLE...

...MAIS IL EST PLUS
GRAND QUE LE
CASQUE DE MON
NEVEU.

À CE MOMENT, UNE GALÈRE
ROMAINE QUITTE DUBRAE
(DOUVRES), EN BRETAGNE ET
SE DIRIGE VERS LA GAULE,
RAMENANT À SON BORD, UNE
PARTIE DE LA GARNISON DU
CAMP FORTIFIÉ D'AQUARIUM...

TU DOIS ÊTRE HEUREUX, Ô TULLIUS
STRATOCUMULUS, DE RETROUVER TON
CALME CAMP FORTIFIÉ D'AQUARIUM, APRÈS
CETTE RUDE CAMPAGNE CONTRE LES
BRETONS!

DANS MA RÉGION, IL Y A UN VILLAGE DE
FOUS, ET PLUTÔT QUE DE LES RETROUVER
PAR JUPITER, JE PRÉFÈRE N'IMPORTE
QUELLE CAMPAGNE.

FRÊLE
ESQUIF, DROIT
DEVANT!

?!

7

11

JE DÉS! QUEL ENNUI! UNE ROMAINE GALÈRE!

OÙ ÇA? OÙ ÇA?

DES ROMAINS! ON Y VA, ASTÉRIX?

ÇA ROMPRAIT LA MONOTONIE DU VOYAGE, MAIS IL VAUDRAIT PEUT-ÊTRE MIEUX ÉVITER LE COMBAT, POUR NE PAS METTRE LE TONNEAU EN PÉRIL.

OH, ASTÉRIX! ALLONS-Y! ALLONS-Y DANS LA ROMAINE GALÈRE!

IL N'EST PLUS TEMPS DE L'ESQUIVER. ILS VIENNENT VERS NOUS.

PRENDS UN PEU DE POTION MAGIQUE, JOLITORAX!

MAIS ÇA VA ÊTRE L'HEURE DE L'EAU CHAUDE!

IL EST VRAIMENT TRÈS FRÊLE CET ESQUIF! SANS DOUTE DES PÊCHEURS GAULOIS... NOUS ALLONS NOUS AMUSER À LEUR FAIRE PEUR.

IL VAUDRAIT MIEUX NE PAS PRENDRE DE RISQUES.

DES RISQUES? UNE GALÈRE FORTEMENT ARMÉE CONTRE UN FRÊLE ESQUIF?

UN FRÊLE ESQUIF PLEIN DE GAULOIS!

HA! HA! HA! HA! TU VERRAS CE QUE DIRONT TES GAULOIS QUAND NOUS NOUS APPROCHERONS D'EUX!

A L'ABORDAGE, PAR TOUTATIS!

CO... COMMENT A L'ABORDAGE???

AHAHA, PAR BÉLISAMA!

NOUS VOILÀ!

MAIS... MAIS QU'EST-CE QU'ILS FONT? MAIS QU'EST-CE QU'ILS...

...FONT?

VOTRE MAGIQUE POTION EST FORMIDABLE! VOYEZ CE QUE JE FAIS DE CE ROMAIN LÉGIONNAIRE!

POC!

ICI! ICI! ICI! ALLONS, ICI!

NON! NON! NON! NON!

NOUS SOMMES PERDUS! CE SONT LES FOUS DONT JE T'AVAIS PARLÉ!

...S, ASTÉRIX, SI ON ...MPARAIT DE LA ...LÈRE POUR TRANS- ...RTER LE TONNEAU ...E POTION EN ...RETAGNE?

NE PARLE PAS DE POTION, DES OREILLES ENNEMIES NOUS ÉCOUTENT. ET PUIS NOTRE BARQUE EST PLUS DISCRÈTE ET PLUS MANIABLE QUE CE VAISSEAU.

ON NE VOUS GÊNE PAS, AU MOINS, PENDANT QUE VOUS PARLEZ?

TIENS? QUE SE PASSE-T-IL?

C'EST LE BROUILLARD ASTÉRIX. IL TOMBE VITE DANS CETTE RÉGION. BIENTÔT, ON NE VERRA PLUS RIEN.

BONG! BONG!

C'EST TOI ASTÉRIX?

OU... OU... OUI.

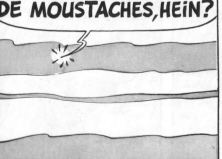

AH OUI? ALORS POURQUOI N'AS-TU PAS DE MOUSTACHES, HEIN?

PAF! PAF! PAF! PAF! PAF!

PITIÉ! PITIÉ! PITIÉ!

BON! ASSEZ RI! JOLITORAX! OBÉLIX! RETOURNONS À BORD DE NOTRE BARQUE. CETTE ESCALE N'A QUE TROP DURÉ.

OH OUI, PAR JUPITER!

13

LE BROUILLARD SE LÈVE POUR RÉVÉLER UN TRISTE SPECTACLE...

PITIÉ! PITIÉ! PITIÉ! PITIÉ! PITIÉ! PITIÉ! PITIÉ! PITIÉ! ...

HOP!

BIEN. ILS SONT PARTIS. MAINTENANT QU'ON METTE LE BATEAU EN ORDRE ET QU'ON N'EN PARLE PLUS. HMM?

♪♪ ♫

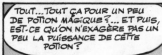

PARLONS-EN, AU CONTRAIRE! CES IRRÉDUCTIBLES GAULOIS VONT EN BRETAGNE ET ILS TRANSPORTENT UN TONNEAU DE POTION MAGIQUE! JE LES AI ENTENDUS! IL FAUT PRÉVENIR NOS CHEFS EN BRETAGNE!

RE...RETOURNER EN BRETAGNE?!

TOUT... TOUT ÇA POUR UN PEU DE POTION MAGIQUE?... ET PUIS, EST-CE QU'ON N'EXAGÈRE PAS UN PEU LA PUISSANCE DE CETTE POTION?

OH NON, CAPITAINE!

BON, BON, ALEA JACTA EST, NOUS RETOURNONS EN BRETAGNE.

BING!

PENDANT CE TEMPS, NOS AMIS APPROCHENT DE LA CÔTE BRETONNE...

IL Y A SOUVENT DU BROUILLARD COMME ÇA, CHEZ VOUS?

BONTÉ, NON! SEULEMENT QUAND IL NE PLEUT PAS.

PEU APRÈS...

TU SAIS CE QUI SERAIT BIEN, ASTÉRIX? CE SERAIT UN TUNNEL POUR ALLER DE LA GAULE EN BRETAGNE. COMME ÇA, ON VOYAGERAIT À L'ABRI DE LA PLUIE ET DU BROUILLARD.

ON EN PARLE CHEZ NOUS, DE CE TUNNEL; ON A MÊME COMMENCÉ À LE CREUSER. MAIS ÇA RISQUE D'ÊTRE ASSEZ LONG. PLUTÔT.

…E VAIS VOUS CONDUIRE …RS UNE AUBERGE AMIE, … VOUS PRENDREZ VOTRE …EMIER BRETON REPAS.

ENFIN! JE COMMENÇAIS À AVOIR UN APPÉTIT GROS.

J'ESPÈRE QU'ILS ONT DU SANGLIER!

TU N'AS PAS VU L'ENSEIGNE?

LE RIEUR SANGLIER

ÇA NE VEUT RIEN DIRE. J'AI CONNU UNE AUBERGE QUI S'APPELAIT: "AU BON ACCUEIL" ET...

CHUT, OBÉLIX!

HELLO, PATRON!

BONTÉ! C'EST JOLITORAX!

BSS BSS BSS BSS BSS BSS

JE DIS!

JOLITORAX M'APPREND …QUE VOUS ÊTES DES …MIS. JE SUIS HEUREUX …E SECOUER VOS MAINS... …E VAIS VOUS SERVIR …N BON REPAS.

MAIS APRÈS, IL FAUDRA PARTIR. LES ROMAINS SURVEILLENT DE PRÈS L'HEURE DE FERMETURE DES AUBERGES.

TROIS CERVOISES, EN ATTENDANT, PATRON.

BEUH...

ELLES NE SONT PAS ASSEZ TIÈDES, PEUT-ÊTRE? JE PEUX LES FAIRE CHAMBRER...

…TABLE! LE …ANGLIER EST …ERVI!

AAAAAH!

C'EST ÇA LE RIEUR SANGLIER?... IL N'Y A PAS DE QUOI RIRE!

OBÉLIX, MANGE ET NE FAIS PAS DE COMMENTAIRES! EN BRETAGNE, IL FAUT FAIRE COMME LES BRETONS!

MAIS, BOUILLI AVEC DE LA SAUCE À LA MENTHE, ASTÉRIX!... PAUVRE BÊTE!...

15

ÇA VA ÊTRE L'HEURE DE FERMER, AUBERGISTE! SERS-NOUS DES CERVOISES EN ATTENDANT!

BONG!

OUI, OUI... JE DISAIS JUSTEMENT À CES MESSIEURS QU'IL ÉTAIT TEMPS DE PARTIR.

HEP! VOUS, LÀ-BAS! UN INSTANT, PAR JUPITER! QUE TRANSPORTEZ-VOUS DANS CE TONNEAU?

DE... DE LA CERVOISE TIÈDE.

?

AH... JE PENSAIS QUE C'ÉTAIT UN PETIT VIN GAULOIS... JE L'AURAIS CONFISQUÉ... MAIS DE LA CERVOISE TIÈDE... BON, PARTEZ!

COMBIEN ÉTRANGE! IL NE SEMBLE PAS AIMER LA CERVOISE TIÈDE!

CROYEZ-VOUS!

ILS SONT FOUS, CES ROMAINS!

LE RIEUR SANGLIER

ÉLOIGNONS-NOUS VITE! IL Y A DES GARNISONS IMPORTANTES LE LONG DE LA CÔTE. NOUS DEVONS NOUS RENDRE À LONDINIUM*, C'EST UNE GRANDE VILLE ET NOUS Y AVONS DES AMIS.

*LONDRES

PENDANT CE TEMPS, DANS L'AUBERGE DU "RIEUR SANGLIER"

DÉCURION!

TCHOC!

?

UN MESSAGE DU PRÉFET: TOUTES LES GARNISONS DOIVENT ÊTRE EN ALERTE! ON RECHERCHE DE DAN--GEREUX IRRÉDUCTIBLES! UN BRETON ET DEUX GAULOIS!

PAR MERCURE!

ILS TRANSPORTENT UNE ARME SECRÈTE DANS UN TONNEAU!

LA CERVOISE TIÈDE!!!

CLAC.

NON, ÇA C'EST UNE ARME CONNUE. IL S'AGIRAIT PLUTÔT D'UNE POTION MAGIQUE.

JE DIS! ÇA, C'EST UN MORCEAU DE CHANCE!

EN ROUTE VERS LONDINIUM! TCHIP! TCHIP!

JE DIS! C'EST VOUS QUI CONDUISEZ DU MAUVAIS CÔTÉ. D'AILLEURS, IL FAUDRA QUE VOUS CHANGIEZ ÇA, SUR LE CONTINENT, QUAND NOUS AURONS FINI DE CREUSER LE TUNNEL SOUS LE MARE BRITANNICUM!

MAIS... TU CONDUIS DU MAUVAIS CÔTÉ DE LA ROUTE, JOLITORAX.

ILS SONT FOUS CES BRETONS!

UNE ROMAINE PATROUILLE!

ALLEZ! ON FONCE À TRAVERS LA ROMAINE PATROUILLE!

NON! ESSAYONS DE PASSER INAPERÇUS. FAISONS DEMI-TOUR.

JE TROUVE QU'ON AURAIT TRÈS BIEN PU FONCER ET...

JE DIS! UNE AUTRE ROMAINE PATROUILLE!

CE SONT EUX, PAR MINERVE!

NOUS SOMMES REPÉRÉS, PAR TOUTATIS! FONÇONS À TRAVERS CHAMPS!

TCHIAOU!

UN PEU PLUS LOIN À TRAVERS CHAMPS...

17

...DINIUM. LE PALAIS
...OUVERNEUR
...AIN...

...DANS LE BUREAU DUQUEL, L'AMBIANCE N'EST PAS À LA FÊTE !

ILS ONT RÉUSSI À PASSER ENTRE NOS PATROUILLES. ILS SE DIRIGENT VERS LONDINIUM, Ô CAÏUS ROÏDEPRUS.

IL FAUT LES CAPTURER, PAR JUNON ! ET SURTOUT, IL ME FAUT LEUR TONNEAU DE POTION MAGIQUE !

...ILS VONT SANS DOUTE SE
...FUGIER DANS UNE AUBERGE.
...UILLEZ TOUTES LES AUBERGES
...CONFISQUEZ TOUS LES
...TONNEAUX...

ET SI VOUS NE TROUVEZ PAS, JE VOUS FAIS BOUILLIR ET SERVIR AUX LIONS AVEC DE LA SAUCE À LA MENTHE !!!

MAIS C'EST HORRIBLE, ÇA !

OUI, PAUVRES BÊTES !

PENDANT CE TEMPS, DANS UN PETIT BOIS, TOUT PRÈS DE LONDINIUM...

LES ENTRÉES DE LA VILLE DOIVENT ÊTRE GARDÉES... NOUS ATTENDRONS LE BROUILLARD POUR Y PÉNÉTRER.

15A

...MAIS ÇA PEUT
...ENDRE DU
...EMPS, ÇA !

AOH, NON. LE BROUILLARD TOMBE ASSEZ VITE EN CETTE...

...SAISON.

ILS SONT FOUS CES BRETONS !

J'ALLAIS LE DIRE ASTÉRIX !

ALLONS-Y !

...APRÈS...

NOUS Y SOMMES !

MAIS IL Y A UNE ÉMEUTE LÀ-BAS !

NON. VOUS AVEZ UN MORCEAU DE CHANCE : CE SONT DES BARDES TRÈS POPULAIRES CHEZ NOUS !

SI ASSURANCETOURIX VOYAIT ÇA !

15B

LÀ, NOUS AVONS DES AMIS.

LA GAULOISE AMPHORE
SPÉCIALITÉ DE VINS GAULOIS

POM POM POM... POM POM POM POM!

AH, JOLITORAX ET LES GAULOIS! VOUS POUVEZ ENTRER. IL N'Y A PAS DE ROMAINS.

SALUT RELAX.

VOUS ÊTES RECHERCHÉS PAR LES ROMAINS. IL VAUT MIEUX ATTENDRE QUE CESSE L'AGITATION, EN RESTANT CACHÉS À LONDINIUM. VOUS POURSUIVREZ PLUS TARD VOTRE VOYAGE VERS LE DISSIDENT VILLAGE.

JE VAIS CACHER VOTRE TONNEAU DANS MA CAVE PARMI LES TONNEAUX DE VIN GAULOIS.

PEU APRÈS...

QU'EST-CE QUE JE VOUS SERS POUR ARROSER LE SANGLIER BOUILLI? DE L'EAU CHAUDE, DE LA CERVOISE TIÈDE, OU DU VIN ROUGE GLACÉ?

C'EST MA TOURNÉE, BIEN SÛR.

À PROPOS, QUEL GENRE DE MONNAIE UTILISEZ-VOUS, ICI?

AOH, C'EST TRÈS SIMPLE VRAIMENT...

NOUS AVONS DES LINGOTS DE FER QUI PÈSENT UNE LIVRE ET QUI VALENT TROIS SESTERCES ET DEMI, PLUS QUATRE PIÈCES DE ZINC QUI VALENT UNE PIÈCE ET DEMIE DE CUIVRE CHACUNE. LES SESTERCES VALENT DOUZE PIÈCES DE BRONZE ET...

ILS SONT...

BOIS TA CERVOISE, ELLE VA REFROIDIR.

?!?

AU NOM DE CÉSAR OUVREZ!

POM POM! POM!

NE ROMAINE
TROUILLE! VITE!
CHEZ-VOUS!

ALORS, PAR JUPITER, TU OUVRES?

J'ARRIVE! J'ARRIVE!

POM! POM!

CUSEZ-MOI, VAIS QUELQUE OSE EN TRAIN DE MILLIR SUR LE FEU.

ÇA VA, ÇA VA. NOUS CHERCHONS TROIS HOMMES!

FOUILLEZ, VOUS AUTRES!

QUELQUES INSTANTS PLUS TARD...

NOUS N'AVONS TROUVÉ PERSONNE, MAIS LA CAVE EST PLEINE DE TONNEAUX, DÉCURION!

ALLEZ! ON LES CONFISQUE TOUS!

CECI EST PLUTÔT RÉVOLTANT. VOUS ME RUINEZ!

CE SONT LES ORDRES, AUBERGISTE. NOUS CONFISQUONS TOUS LES TONNEAUX, CAR NOUS CHERCHONS UNE ARME SECRÈTE!

TON NOM EST SUR LES TONNEAUX. SI POUR TON MALHEUR UN DE TES TONNEAUX EST CELUI QUE NOUS CHERCHONS... TU M'AS COMPRIS. AVÉ.

UT CELA EST SEZ ENNUYEUX!

ASSEZ.

PLUTÔT.

JE DIS.

AU LIEU DE VOUS ÉNERVER, TROUVONS LE MOYEN DE RÉCUPÉRER NOTRE TONNEAU, AVANT QUE LES ROMAINS NE LE DÉCOUVRENT!

LA NUIT, LES RUES SONT OCCUPÉES SEULEMENT PAR LES ROMAINES PATROUILLES. IL VOUS FAUDRA ATTENDRE DEMAIN POUR AGIR.

EH BIEN, NOUS EN PROFITERONS POUR NOUS REPOSER.

UN PEU PLUS TARD, LA NUIT TOMBÉE, UN ÉTRANGE SPECTACLE SE DÉROULE DEVANT LE PALAIS DU GOUVERNEUR.

TOUS LES TONNEAUX, QUI SE TROUVAIENT DANS LES AUBERGES DE LA VILLE, SONT CONFISQUÉS ET SE TROUVENT DANS LES CAVES DU PALAIS, Ô CAIUS ROIDEPRUS!

PARFAIT! ET MAINTENANT, QUE TOUS LES HOMMES SE METTENT À GOÛTER LE CONTENU DES TONNEAUX...

PEUT-ÊTRE AURONS-NOUS AINSI LA CHANCE DE TROUVER PARMI EUX, LE TONNEAU DE POTION MAGIQUE... EXÉCUTION!

ET DANS LES CAVES DU PALAIS, IL NOUS EST DONNÉ D'ASSISTER À NOUVEAU À CE SPECTACLE PRODI-GIEUX: LA LÉGION ROMAINE EN TRAIN DE MANOEUVRER!

À MON COMMANDEMENT! CHAQUE LÉGIONNAIRE FACE À UN TONNEAU! CELUI QUI TROUVERA QUE LE LIQUIDE CONTENU A UN DRÔLE DE GOÛT, LE SIGNALERA! DE L'ORDRE! DE LA DISCIPLINE!...

PERRR.....CEZ TONNEAUX!

TCHAC!

?!?!

EH!... VIENS UN PEU ICI, TOI !.

-HIPS!... VOUI ?

SPLATCH!

HIHIHIHI!

AU PETIT MATIN...

ALLONS ESSAYER DE RÉCUPÉR... LA MAGIQUE POTION'S TONNEAU... RELAX NOUS PRÊTE SA CHARRE... C'EST UN JOYEUX BON GARÇON.

C'EST ÉTRANGE, CES CHARS À DEUX ÉTAGES....

ILS SONT DESTINÉS AU TRANSPORT PUBLIC... EN HOMMAGE À L'EMPIRE ROMAIN, ON LES APPELLE DES IMPÉRIALES.

ET CES PETITS TOITS PORTATIFS ?

ÇA, C'EST POUR ÉVITER QU... LE CIEL NE NOUS TOMBÉ SUR LA TÊTE.

IL EST TROP CHER MON MELON ?!?

IL ES...

TU AS VU, ASTÉRIX ? CE LONDINIEN EST COIFFÉ D'UN MELON !

NOUS APPROCHONS DU PALAIS.

COMMENT ALLONS-NOUS FAIRE POUR PASSER LES SENTINELLES ?

NOUS N'AVONS PAS LE TEMPS DE FINASSER, PAR TOUTATIS ! SI ELLES NOUS EMPÊCHENT D'ENTRER, NOUS LEUR DONNONS DES BAFFES !

ÇA C'EST UN TRÈS BON PLAN !

TAP! TAP! TAP!

MAIS LES SENTINELLES ONT UN PEU PERDU DE LEUR RIGIDITÉ COUTUMIÈ...

HIPS!

ATTENDS-NOUS LÀ, JOLITORAX. SI NOUS NE SORTONS PAS, TU IRAS CHERCHER DU RENFORT.

TRÈS BON.

?

HEU... NOUS SOMMES DES PLOMBIERS ET...

AVÉ PLOMBIERS! ENTREZ TOUS LES QUATRE ET QUE ... HIPS!... VIVENT LES PLOMBLIERS!...

?

?!!?

OUPS! HIHIHIHIHIHI! HIPS!

SCLONK!

MAIS QUE S'EST-IL PASSÉ ICI?

DIANA

ZZZ

C'EST SANS DOUTE L'ENTRÉE DE LA CAVE... C'EST LÀ QUE DOIVENT ÊTRE ENTREPOSÉS LES TONNEAUX CONFISQUÉS PAR LES ROMAINS.

21A

?

J'SUIS LE PLUS COSTAUD! CELUI QUI VEUT GOÛTER À MON TONNEAU, QU'IL Y VIENNE!.... HIPS!... SANS BLAGUE!

ALLEZ, LES DEUX GROS, LÀ !.... ALLEZ!.... HIPS!... BATTONS-NOUS!

IL N'Y A PAS DEUX GROS. IL Y EN A UN SEUL ET IL N'EST PAS GROS.

PAF!

TCHONC!

TU N'AURAIS PAS DÛ FAIRE ÇA, OBÉLIX. CE LÉGION- -NAIRE NOUS AURAIT PEUT-ÊTRE AIDÉS À RETROUVER NOTRE TONNEAU DE POTION MAGIQUE...

VOICI LES TONNEAUX CONFISQUÉS CHEZ RELAX... MAIS LEQUEL EST LE BON?

IL FAUT GOÛTER.

RELAX

21B

GLOU GLOUGLOU

ÇA VA PRENDRE TROP DE TEMPS DE GOÛTER À TOUS CES TONNEAUX. IL NE FAUT PAS S'ATTARDER DANS LE PALAIS; C'EST DANGEREUX!

CH'EST DANGEREUX... HIPS!... MAIS CH'EST BON!

OBÉLIX! TU N'AS PAS HONTE? ARRÊTE DE BOIRE, ET AIDE-MOI À TRANSPORTER TOUS CES TONNEAUX DANS LA CHARRETTE QUI NOUS ATTEND!

VITE! NOUS AVONS PLUSIEURS VOYAGES À FAIRE!

PEU APRÈS...

TOUS LES TONNEAUX SONT DANS LA CHARRETTE. ALLONS-Y, JOLITORAX, ET ESSAYONS DE NE PAS NOUS FAIRE REMARQUER!

TCHIC! TCHIC!

ILS ONT DES TONNEAUX RONDS, VIVE LA BRETAGNE...

...ILS ONT DES TONNEAUX RONDS, VIVENT LES BRETONS!

OBÉLIX! TAIS-TOI! TU VAS NOUS FAIRE REMARQUER!

BOUHOUHOU! TU NE M'AIMES PAS ASTÉRIX! BOUHOUHOU!

MAIS SI, JE T'AIME OBÉLIX... MAIS TU VAS ATTIRER LES PATROUILLES ROMAINES...

MOI JE T'AIME, ASTÉRIX, ET SI UNE... HIPS! PATROUILLE ESSAIE DE TE FAIRE DU MAL... HIPS! TU VERRAS!!!

AOH. UNE ROMAINE PATROUILLE!

ALLONS DÉPOSER OBÉLIX DANS L'AUBERGE DE RELAX. APRÈS, NOUS RECHERCHERONS LA CHARRETTE !

PEU APRÈS...

LA GAULOISE AMPHORE
SPÉCIALITÉ DE VINS GAULOIS

ZZZZZ ZZZZZ

NOUS DEVONS RETROUVER NOTRE TONNEAU DE POTION !

NOUS DEVONS !

PENDANT CE TEMPS, DANS LA COUR DU PALAIS DU GOUVERNEUR...

LÉGIONNAIRES ! JE NE SUIS PAS FIER DE VOUS ! VOUS VOUS ÊTES CONDUITS COMME DES BARBARES ET DES DÉCADENTS ! SI JULES CÉSAR APPREND ÇA, UN FESTIN SE PRÉPARE POUR LES LIONS DU CIRQUE MAXIME !

COMPRIS?

QU'ON ME MANGE, MAIS QU'ON CESSE DE CRIER...

LES SEULS TONNEAUX QUI ONT DISPARU, SONT CEUX DE L'AUBERGISTE RELAX !

EH BIEN, QUE L'ON FOUILLE CETTE AUBERGE ET QUE L'ON ARRÊTE TOUS CEUX QUI S'Y TROUVENT !!!

NOUS ALLONS CHERCHER LES GAULOIS.

NOUS, NOUS LES AVONS TROUVÉS.

...A FAIT DES HEURES QUE NOUS PARCOURONS LONDINIUM... IMPOSSIBLE DE TROUVER CETTE CHARRETTE!

C'EST COMME CHERCHER UNE AIGUILLE DANS DU FOIN EN BOTTES!

OH! L'AUBERGE DE RELAX!!!

MA BONTÉ!!!

LA GAULOISE AMPHORE

QUE S'EST-IL PASSÉ?

LES ROMAINS SONT VENUS, ILS ONT TOUT FOUILLÉ, TOUT CASSÉ ET ILS SONT PARTIS AVEC DEUX PRISONNIERS: RELAX ET UN GROS QUI DORMAIT AVEC DES CASQUES SUR LE VENTRE.

MON OBÉLIX PRISONNIER DES ROMAINS!

COURAGE, ASTÉRIX! GARDEZ VOTRE LÈVRE SUPÉRIEURE RIGIDE!

LA GAULOISE AMPHORE

NOUS LES RETROUVERONS! OBÉLIX ET LA POTION MAGIQUE, PAR TOUTATIS!

PAF!

25A

...Ù PEUVENT-ILS LES AVOIR EMMENÉS!

À LA LONDINIUM TOUR, JE PENSE. C'EST LA PRISON LA PLUS SÛRE DE LA VILLE! IL N'Y A QUE DEUX PORTES, ET ELLES SONT BIEN GARDÉES.

EH BIEN, BUVONS CE QU'IL NOUS RESTE DE POTION MAGIQUE ET ALLONS-Y!

POP!

CROAAA!

CROAAA!

CROAAA!

LA SINISTRE TOUR DE LONDINIUM!

ET DANS UN CACHOT, TOUT EN HAUT DE LA TOUR...

À LONDINIUM TOUR... J'AI BIEN PEUR QUE NOTRE COMPTE SOIT BON.

OÙ... OÙ SUIS-JE?

MAIS MÊME S'ILS NOUS FONT BOUILLIR AVEC DE LA SAUCE À LA MENTHE, NOUS NE PARLERONS PAS!

NE CRIONS, PAS SURTOUT!

25B

AÏE!

OUÏLLE!

NON!

ASSEZ!

PAR JUPITER!

HOULA LA!

OBÉLIX! OÙ ES-TU?

C'EST ASTÉRIX QUI EST LÀ-HAUT! MONTONS LE REJOINDRE!

VOUS VOULEZ REVENIR DANS LA TOUR?!

ASTÉRIX! JE SUIS LÀ! JE MONTE!

OBÉLIX! JE DESCENDS!

AÏE!

OUÏLLE!

ENTREZ OU SORTEZ, MAIS CESSEZ DE NOUS TAPER DESSUS, PAR JUPITER!

ASSEZ!

NON!

ENFIN...

PORTE II

J'AI HONTE POUR TOUT CE QUI S'EST PASSÉ, ASTÉRIX.

IL NE S'EST RIEN PASSÉ, OBÉLIX.

ÇA, C'EST LA MEILLEURE!

...U APRÈS, DANS ...PALAIS DU ...UVERNEUR...

COMMENT: ÉVADÉS??

RETROUVEZ-LES, OU JE FAIS NOYER TOUTE LA GARNISON DANS DE LA CERVOISE TIÈDE!!!

DES BRETONS! DES GAULOIS! DES IVROGNES!... J'EN AI ASSEZ! ASSEZ! ASSEZ! SANGLOTS

JE VOUS CONDUIS CHEZ UN DE MES COUSINS AUBERGISTE COMME MOI. IL S'APPELLE SURTAX. PEUT-ÊTRE POURRA-T-IL NOUS AIDER.

JOYEUSE BONNE IDÉE.

RELAX, MON COUSIN ! JE SUIS FOLLEMENT HEUREUX DE VOUS VOIR. J'AI APPRIS VOTRE ARRESTATION PAR LES ROMAINS. J'ÉTAIS EN DEHORS DE MES ESPRITS AVEC L'INQUIÈTUDE !

JE SUIS FOLLEMENT HEUREUX AUSSI, SURTAX !

ARRÊTONS-LÀ LES EFFUSIONS. J'AI QUELQUE CHOSE À VOUS MONTRER.

UN HOMME LOUCHE, BIEN QUE BRETON, EST VENU ME VENDRE UN TONNEAU MARQUÉ À VOTRE NOM.

?!?

RELAX

C'EST UN DES TONNEAUX VOLÉS !

MAIS HÉLAS ! CE N'EST PAS DE LA POTION MAGIQUE.

J'AI FAIT SUIVRE CET HOMME. J'AI SON ADRESSE : ALLÉE DU PARC, N° LVII.

BON GARÇON !

C'EST LOIN, ÇA ?

ASSEZ.

VOUS FERIEZ MIEUX DE MANGER UN PEU DE SANGLIER BOUILLI AVANT DE PARTIR.

ALLONS CHERCHER LE VOLEUR TOUT DE SUITE !

UN PEU PLUS TARD...

NOUS Y VOICI...

IL NE RESTE QU'À CHERCHER LE N° LVII

C'EST UNE CHANCE D'AVOIR LE NUMÉRO. LA DESCRIPTION DE LA MAISON N'AURAIT PEUT-ÊTRE PAS SUFFI.

28

AH! QUE VOULEZ-VOUS DIRE PAR LÀ?

CE TONNEAU!

JE... JE L'AI ACHETÉ LÉGALEMENT...

NON. CE N'EST PAS LA MAGIQUE POTION.

SNIFF! SNIFF!

VOLEUR!

TU PARLERAS, PAR BÉLÉNOS!

CRAC!

NOS VOISINS SONT ÉTRANGEMENT BRUYANTS AUJOURD'HUI, N'EST-IL PAS, PÉTULA?

IL EST. UN NUAGE DE LAIT DANS VOTRE EAU CHAUDE?

CLANG!

PLUTÔT.

PARLERAS-TU? PARLERAS-TU?

PARLERAS-TU, PAR TOUTATIS!?

OW... JE DIS! J'AIMERAIS QUE LE VOISIN PARLE, PÉTULA, POUR QUE JE PUISSE LIRE MON JOURNAL TRANQUILLEMENT!

JE PARLERAI!

JE PARLERAI!

AH! ÇA C'EST BIEN.

CLIC! CLIC! CLIC!

J'AI VOLÉ VOTRE CHARRETTE ET J'AI VENDU TOUS LES TONNEAUX SAUF CELUI-CI... J'AI LES NOMS ET LES ADRESSES DE TOUS MES CLIENTS... JE PEUX AUSSI VOUS DONNER LA LISTE DE TOUT CE QUE J'AI VOLÉ LE MOIS DERNIER...

30

34

NOUS ALLONS VISITER TOUS LES AUBERGISTES DONT LES NOMS FIGURENT SUR CETTE LISTE... ILS ONT TOUS ACHETÉ LES TONNEAUX VOLÉS, ET L'UN D'EUX EST EN POSSESSION DE LA POTION MAGIQUE!

PEU APRÈS...

MESSIEURS?

AVEZ-VOUS ACHETÉ DES TONNEAUX DE VIN MARQUÉS AU NOM DE RELAX?

N TONNEAU, OUI. LES ROMAINS ONT NFISQUÉ TOUS LES AUTRES TONNEAUX UE JE POSSÉDAIS. QUE PRENDREZ-VOUS?

UNE COUPE DE VIN.

UNE COUPE POUR TROIS? VOUS ÊTES CALÉDONIENS*, JE PRÉSUME?

* ÉCOSSAIS.

OUI, C'EST BIEN DU VIN.

SNIFF! SNIFF! SNIFF!

SNIFF! SNIFF! SNIFF!

ONTÉ GRACIEUSE! BIEN ÛR QUE C'EST DU VIN! OUS POUVEZ LE BOIRE N TOUTE CONFIANCE.

NON, MERCI. C'ÉTAIT POUR VOIR SEULEMENT.

AUBERGE DE L'ANGLE

CE SONT EUX!

ON Y VA?

NON! JE VEUX SAVOIR CE QU'ILS FAISAIENT DANS CETTE AUBERGE!

ILS VOULAIENT VOIR MON VIN! VOUS AVEZ DE DRÔLES DE COUTUMES SUR LE CONTINENT!

ÉTRANGE, EN EFFET...

J'AI COMPRIS, PAR JUPITER! LES GAULOIS ONT ÉGARÉ LEUR TONNEAU ET ILS LE CHERCHENT! NOUS N'AVONS QU'À LES SUIVRE, ILS NOUS CONDUIRONT JUSQU'À LA POTION MAGIQUE!

31

NOUS AVONS VISITÉ PRESQUE TOUTES LES AUBERGES DE LA LISTE, SANS RÉSULTAT... ESSAYONS ENCORE ICI.

JE N'AI JAMAIS VU AUTANT DE VIN.

VOIR UN PETIT COUP C'EST AGRÉABLE, MAIS À LA LONGUE, C'EST MONOTONE.

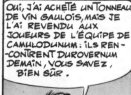

OUI, J'AI ACHETÉ UN TONNEAU DE VIN GAULOIS, MAIS JE L'AI REVENDU AUX JOUEURS DE L'ÉQUIPE DE CAMULODUNUM: ILS REN-CONTRENT DUROVERNUM DEMAIN, VOUS SAVEZ, BIEN SÛR.

DE QUOI PARLE-T-IL?

AOH. C'EST UN JEU QUI NOUS PASSIONNE, NOUS, BRETONS. IL SE JOUE AVEC UNE CALEBASSE ET TRENTE BRETONS, PARTAGÉS EN DEUX ÉQUIPES DE XV

UNE RENCONTRE COMPTANT POUR LE TOURNOI DES CINQ TRIBUS DOIT AVOIR LIEU DEMAIN, PRÈS DE LONDINIUM.

JE SUIS FIER D'AVOIR VENDU MON TONNEAU AUX JOUEURS DE CAMULODUNUM...

ALLEZ, CAMULODUNUM!!!

TOC! TOC! TOC!

J'ESPÈRE QUE LE VIN EST BON ET QU'IL LES AIDERA À OBTENIR LA VICTOIRE, JE DIS!

SI C'EST LE TONNEAU QUE JE CROIS, ILS NE PEUVENT PAS PERDRE.

LE LENDEMAIN, NOS AMIS SE DIRIGENT VERS LE STADE OÙ DOIT AVOIR LIEU LA RENCONTRE ENTRE LES ÉQUIPES DE CAMULODUNUM ET DUROVERNUM.

IL Y A DU MONDE!

OUI. CE JEU EST ASSEZ POPULAIRE, PLUTÔT.

VIVE DUROVERNUM

ALLEZ DUROVERNUM

ALLEZ CAMULODUNUM

VIVE CAMUL...

VIVE CAMULODURUM

ALLEZ DUROVERM...

CE QUI M'INQUIÈTE, C'EST QUE LES ROMAINS NE NOUS DÉRANGENT PAS.

PEUT-ÊTRE QU'ILS EN ONT EU ASSEZ DE SE FAIRE TAPER DESSUS. BEAUCOUP DE GENS SONT COMME ÇA: ON LEUR TAPE DESSUS, ET ILS EN ONT ASSEZ.

MAIS LES ROMAINS NE SONT PAS LOIN!

BON! C'EST COMPRIS, PAR MERCURE? VOUS VOUS MÊLEZ À LA FOULE ET VOUS OUVREZ L'ŒIL!

LE DÉCURION A DIT: EN CIVIL, IMBÉCILE!

ET ALORS? JE NE SUIS PAS EN CIVIL?

38

...S VOULONS ... L'ÉQUIPE ...CAMULODUNUM!

FAITES COMME TOUT LE MONDE : ALLEZ ACHETER VOS BILLETS. POUR LE MÊME PRIX, VOUS VERREZ LES DEUX ÉQUIPES, MON BON AMI.

ENTRÉE DES JOUEURS (INTERDIT AU) (PUBLIC)

QUI N'A PAS SA SAUCE À LA MENTHE?!

CERVOISE BIEN TIÈDE!

EAU CHAUDE! EAU CHAUDE!

ACHETEZ LES FANIONS ET INSIGNES DE VOS FAVORITES ÉQUIPES!

?!?...

ENTRÉE DES SPECTATEURS

CAISSE

CLAC!

JE DIS. VOICI NOS PLACES.

EXPLIQUE-NOUS LA RÈGLE DU JEU, JOLITORAX.

...S SIMPLE, VRAIMENT. ON A PRATI—...MENT LE DROIT DE TOUT FAIRE ...R PORTER LA CALEBASSE DANS LES ... DE L'ADVERSAIRE. SEUL, L'USAGE ... ARMES EST INTERDIT, SAUF ACCORD PRÉALABLE...

VIVE CAMULODUNUM

VIVE DUROVERNUM

OUIiiiiiiN! GNiiiiiNNN!

...VOICI LES BARDES CALÉDONIENS...

BOUM! BOUM!

...ICI L'OIE SACRÉE ... L'ÉQUIPE DE ...MULODUNUM...

ALLEZ CAMULODUNUM!

...VOICI LA POULE DE DUROVERNUM...

VIVE DUROVERNUM!

33

ET VOICI LES JOUEURS!!!

ALLEZ CAMULODUNUM!

VIVE DUROVERNUM!

PON!

ÇA, C'EST LE DRUÏDE ARBITRE QUI DONNE LE SIGNAL DU COUP D'ENVOI DE LA CALEBASSE...

BLAM!

34

ALLEZ DUROVERNUM

BONG! BONG! BONG! BONG!

IL FAUT INTRODUIRE CE JOLI JEU EN GAULE!

OUI, MAIS L'ÉQUIPE DE CAMULODUNUM NE SEMBLE PAS DOMINER... ET SI LES JOUEURS AVAIENT BU DE LA POTION MAGIQUE...

PON!

?!?

BONG! BONG! BONG!

NON...CE N'EST PAS DE LA SIMULATION... SOIGNEURS!

34

ALLEZ DUROVERNUM

LA SAISON EST FINIE POUR LUI, N'EST-IL PAS?

PLUTÔT.

REGARDEZ! LE TONNEAU!

MAINTENANT, NOUS ALLONS VOIR S'IL S'AGIT DE LA POTION MAGIQUE.

BONG!
BONG!
YAHOUOU!

¡PIPOURAX! ¡PIPOURAX! ¡PIPOURAX!

PIPOURAX?

C'EST SON NOM.

TCHRRIIIII!

SCORE
CAMVLODVNVM VERSVS DVROVERNVM
III III

39

JE DIS, VIEIL HOMME, C'EST BIEN TOI QUI M'AS PIÉTINÉ LA FIGURE, N'EST-IL PAS ?

ESSAYONS DE CONSER-VER NOTRE CALME. CECI N'EST QU'UN JEU, ET TOUTE CETTE SORTE DE CHOSES.

¡PIPOURAX A MARQUÉ UN ESSAI. MAINTENANT, IL VA TÂCHER DE RÉUSSIR LA TRANSFORMATION!

SCORE

CAMVLODVNVM VERSVS DVROVERNVM

VIIII | III

C'EST BIEN LA POTION MAGIQUE. ALLONS-Y!

CORNE DE BOUC GARÇON! QUI T'A PERMIS D'ABANDONNER TON POSTE DE VIGIE?

J'AI 'EÇU UNE CALEBASSE SU' LE C'ÂNE!

41

MON TONNEAU!

TU Y AS MIS LE TEMPS!

FALLAIT BIEN QUE JE MARQUE L'ESSAI! ALLEZ GAULE!

VOUS DEVRIEZ LEUR RENDRE LA CALEBASSE POUR QU'ILS PUISSENT CONTINUER À JOUER.

PONNN!

(SOUPIR)

?/?

A...A...A MOI LA LÉGION!

ET C'EST LA FIN DE LA PARTIE!

SCORE

CAMVLODVNVM VERSVS DVROVERNVM

DCCCIV III

X

PON!

LES GAULOIS? OÙ SONT LES GAULOIS?

LE GROS, AVEC LE TONNEAU, OÙ EST-IL PAR JUPITER?

JE NE SAIS PAS ET C'EST DOMMAGE, PARCE QU'ON LUI SIGNERAIT TOUT DE SUITE UN CONTRAT! QUEL PILIER!

R OÙ ALLONS-US, JOLITORAX ?

LE FLEUVE EST JUSTE DEVANT NOUS. NOUS FUIRONS PAR LÀ !

LES ROMAINS LÉGIONNAIRES NOUS POURSUIVENT !

ON LES ATTEND, ASTÉRIX ?

NON ! PRENONS VITE UN DE CES BATEAUX !

ON LES POURSUIT, DÉCURION ?

CE N'EST PAS LA PEINE ! ILS SONT FAITS COMME DES RATS ! ON A PRÉVU LA FUITE POSSIBLE PAR LE FLEUVE. NOS NAVIRES DE SURVEILLANCE VONT LES ARRÊTER !

EN EFFET...

UNE ROMAINE GALÈRE !!!

RENDEZ-VOUS, PAR JUPITER !!!

JAMAIS, PAR TOUTATIS !!!

JE NE VEUX PAS VOUS JETER LA PIERRE, MAIS VOUS AVEZ TORT... ENVOYEZ !!!

BANG !

TCHAC !

J'AI FAIT MUSCA ! :*:

NOUS N'AVONS PAS EU LEUR POTION MAGIQUE, MAIS NOUS NOUS SOMMES DÉBARRASSÉS DE CES GAULOIS ! ALLONS ANNONCER LA BONNE NOUVELLE AU GOUVERNEUR CAIUS ROIDEPRUS !

STCHOUF !

:*: NOM LATIN DE LA MOUCHE.

43

ILS S'ÉLOIGNENT. NOUS POUVONS REGAGNER LA RIVE.

LEUR PROJECTILE EST TOMBÉ EN PLEIN SUR LE TONNEAU DE POTION MAGIQUE !

ILS NE NOUS ONT MÊME PAS LAISSÉ LE TEMPS DE LEUR TAPER DESSUS, CES ROMAINS !

ILS N'ONT PAS ÉTÉ FRANC JEU !

NE SOIS PAS ABATTU, MON BON OBÉLIX. NOUS IRONS AIDER JOLITORAX DANS SON VILLAGE À COMBATTRE LES ROMAINS, MÊME SANS POTION MAGIQUE.

VOUS SEREZ LES BIENVENUS. C'EST UNE SÛRE CHOSE.

SNIFF! SNIFF!

TAP! TAP! TAP!

ET AINSI, SANS ÊTRE DÉRANGÉS PAR LES ROMAINS QUI LES CROIENT DISPARUS, NOS TROIS AMIS PARTENT VERS CE PETIT VILLAGE DANS LE CANTIUM, QUI RÉSISTE TOUJOURS À L'ENVAHISSEUR. LA POTION MAGIQUE, ELLE, S'EST DILUÉE DANS LES EAUX GLAUQUES DE LA TAMISE...

...CE QUI AURA POUR CONSÉQUENCE DE FAIRE CONNAÎTRE DES ÉMOTIONS ÉTRANGES AUX PÊCHEURS, CETTE SAISON-LÀ...

JE DIS ! ÇA MORD !

...CAR LES PLUS PETITS POISSONS FONT BOIRE LA TASSE AUX PÊCHEURS...

...CE QUI PERMET AUX PÊCHEURS QUI ONT BU LA TASSE, DE RÉDUIRE AU SILENCE, LES AUTRES PÊCHEURS AMUSÉS PAR L'INCIDENT.

TCHAC!

QUELQUES JOURS PLUS TARD, NOS AMIS ARRIVENT DANS LE VILLAGE DE JOLITORAX, OÙ ILS SONT ACCUEILLIS PAR LE CHEF ZÉBIGBOS, ET SES PRINCIPAUX ADJOINTS : O'TORINOLARINGOLOGIX, ET MAC ANOTÉRAPIX...

VOUS AVEZ PU FRANCHIR LES ENNEMIES LIGNES ?

OUI, ILS SEMBLENT TRÈS SÛRS D'EUX-MÊMES. NOUS N'AVONS ÉTÉ INTERPELÉS QUE PAR UNE SEULE PATROUILLE !

ET POURTANT, JE N'AVAIS PAS LE CŒUR À RIRE.

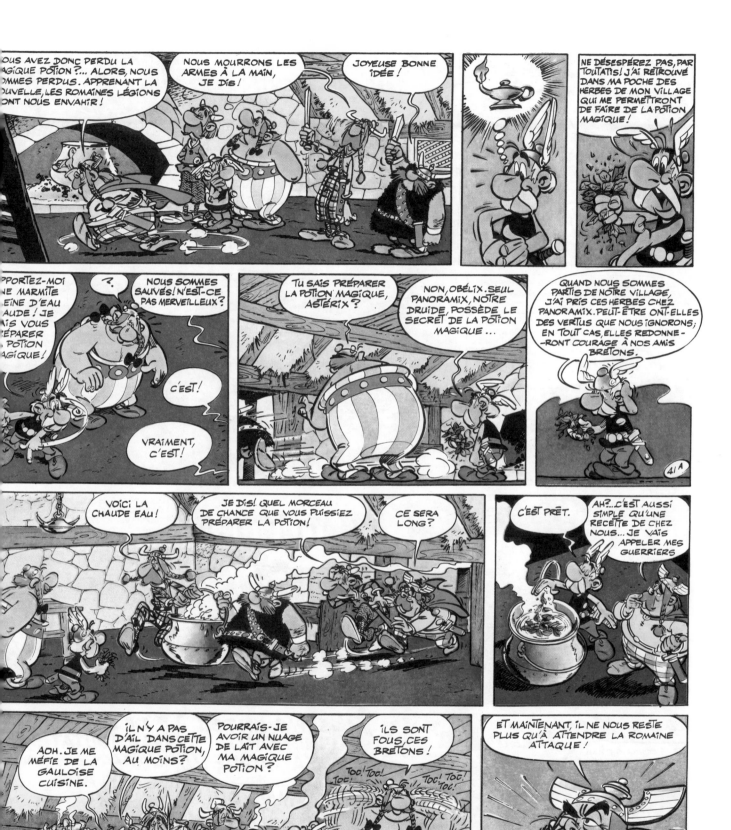

SI LA RUSE D'ASTÉRIX A REDON-NÉ COURAGE AUX BRETONS, UNE BONNE NOUVELLE AMÉLIORE LE MORAL DES ROMAINS.

AVÉ, GÉNÉRAL! LE GOUVERNEUR CAIUS ROÏDEPRUS M'ENVOIE TE DIRE QUE LA POTION MAGIQUE EST AU FOND DE L'EAU AVEC LES GAULOIS QUI LA CONVOYAIENT!

PAR JUPITER! LE MOMENT EST VENU D'ATTAQUER!!! RASSEMBLEMENT! SONNEZ, BUCCINS ET TROMPETTES!!!

TARARiiiii TARARAAA

ENCORE UNE FOIS, IL NOUS EST DONNÉ D'ASSISTER AU PRODIGIEUX SPECTACLE DE LA LÉGION ROMAINE EN TRAIN DE MANŒUVRER...

CENTURIONS, DÉCURIONS ET LÉGIONNAIRES! NOS ADVER-SAIRES ASSIÉGÉS ONT PERDU À LA FOIS LA POTION MAGIQUE ET LEURS ALLIÉS GAULOIS!... TOUT PÉRIL EST ÉCARTÉ!...

... EN CARRÉ...

À VAINCRE SANS PÉRIL, ON ÉVITE DES ENNUIS!... PAR CONSÉQUENT...

... EN TRIANGLE...

À L'ATTAQUE!!!

LÉGIONNAIRES! JE VOUS SIGNALE QUE NOUS SOMMES LÀ, ET QUE NOUS AVONS DE LA POTION MAGIQUE! IL EST ENCORE TEMPS DE VOUS RENDRE!

... EN ROND!

JE LE CONNAIS, CELUI-LÀ! J'ÉTAIS EN GARNISON À AQUARIUM; C'EST ASTÉRIX!

ET SI ASTÉRIX EST LÀ, SON COPAIN OBÉLIX N'EST PAS LOIN!

QUEL OBÉLIX? PAS LE FOU?!!!

ET ILS ONT DONNÉ DE LA POTION MAGIQUE AUX BRETONS!

C'EST PAS UN PEU FINI, NON?! À L'ATTAQUE!!!

MAIS OUI! À L'ATTAQUE! OBÉISSEZ À VOTRE CHEF!...

BONG! BONG! BONG!

...DE LA DISCIPLINE PAR TOUTATIS! À L'ATTAQUE, S'IL VOU PLAÎT!

ALLONS-NOUS, ASTÉRIX

ALLONS-Y, ZEBIGB

ILS FONT UNE SORTIE!

ILS VONT NOUS ENTRER DEDANS!!!

OBÉLIX! TU N'ES PAS CHEZ TOI ICI! LAISSE PASSER LES AUTRES!

PAS DU TOUT! LES TOURISTES PASSENT LES PREMIERS!

HALLALI, ET TOUTE CETTE SORTE DE CHOSES!

...RNIÈRE PHASE DE ...SPLENDIDE MANŒUVRE ...MAINE: LA RETRAITE. ...DÉSORDRE.

SAUVE QUI PEUT!

TCHRAAAAAC!!!

JE NE SAIS PAS SI JE PEUX, MAIS JE VAIS ESSAYER!

ILS FUIENT!

VICTOIRE!

MAIS LÂCHE-LE! QUE VEUX-TU EN FAIRE?

BEN, JE PENSAIS QUE JE LE FINIRAIS PLUS TARD, TRANQUILLE-MENT!...

MERCI, MERCI, ASTÉRIX! C'EST GRÂCE À VOTRE AIDE QUE NOUS AVONS VAINCU LES ROMAINS. J'AI L'INTENTION DE LES POURSUIVRE ET DE LIBÉRER TOUTE LA BRETAGNE!

OH, VOUS SAVEZ, CE N'EST PAS VRAIMENT DE LA POTION MAGIQUE QUE JE VOUS AI FAIT BOIRE...

...'EN DOUTAIS... MAIS ...REUVAGE A DONNÉ ...RAGE À MES GUER-...RS. QUAND VOUS ...TREREZ EN GAULE, ...OYEZ-NOUS ENCORE ...ES HERBES, J'EN ...AI LA NATIONALE ...OISSON!

AU REVOIR, COUSIN JOLITORAX! NOUS RETOURNONS EN GAULE! NOTRE MISSION EST TERMINÉE.

RESTEZ ENCORE! POUR VOUS TÉMOIGNER NOTRE RECON-NAISSANCE, NOUS ALLONS FAIRE UN FESTIN AVEC DU SANGLIER BOUILLI, DU BŒUF BOUILLI, DU...

ALLEZ! ON RENTRE!

C'ÉTAIT GRAND DE VOUS AVOIR ICI! C'ÉTAIT!

À CHARGE DE REVANCHE!

43

JE SUIS SI PRESSÉ DE RENTRER EN GAULE, QUE MÊME SI NOUS REN-CONTRONS LES PIRATES, JE TE PROPOSE DE CONTINUER NOTRE VOYAGE SANS NOUS ARRÊTER.

MOI AUSSI JE SUIS PRESSÉ... MAIS TU NE CROIS PAS QU'ILS VONT SE VEXER?

F'ÈLE ESQUIF À T'IBO'D!

MON BATEAU EST TOUT NEUF ET JE NE VEUX PAS PRENDRE DE RISQUES... VOYONS QUI SE TROUVE À BORD DE CET ESQUIF...

NOOON! ENCORE EUX! FUYONS! EN AVANT TOUTE!

ET PLUS TARD...

JE SUIS HEUREUX! HEUREUX! CETTE FOIS-CI JE LES AI EUS! J'AI ÉTÉ PLUS RAPIDE QU'EUX! ILS NE M'ONT PAS COULÉ!

TCHRAAAC!

JE SUIS ÉCHOUÉ, MAIS ILS NE M'ONT PAS COULÉ!

FLUCTUA NEC MERGITUR!

JE PEUX DESCEND'E DE MON POSTE À P'ÉSENT?

NOS HÉROS ONT ÉTÉ REÇUS EN TRIOMPHATEURS DANS LEUR VILLAGE. UN GRAND BANQUET A ÉTÉ ORGANISÉ POUR FÊTER LEUR RETOUR. ASTÉRIX A RACONTÉ SON VOYAGE CHEZ LES BRETONS, ET OBÉLIX A RETROUVÉ DEUX DE SES AMIS PRÉFÉRÉS QU'IL ADORE...

MON PETIT IDÉFIX ET LE SANGLIER RÔTI!... VIVE LA GAULE!

Ô PANORAMIX, NOTRE DRUIDE, CES HERBES QUE J'AI PRISES AU HASARD CHEZ TOI, AVANT DE PARTIR, C'ÉTAIT QUOI?

OH, C'EST UNE PLANTE QUI VIENT DE TRÈS LO... DES PAYS BARBARES...

ET ELLE S'APPELLE?

LE THÉ!

POC!

FIN DE L'ÉPISODE

UDERZO & GOSCINNY

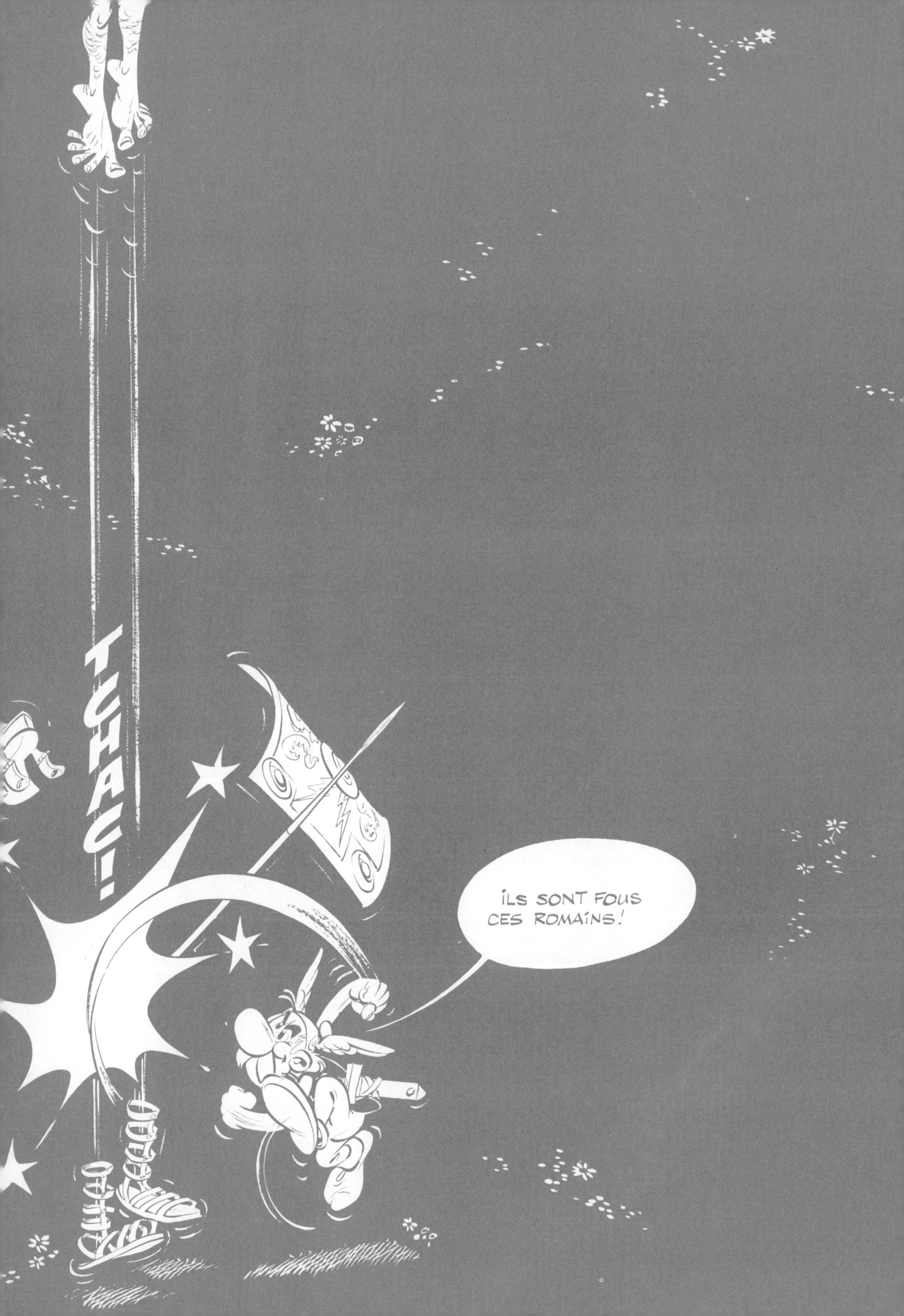
TCHAC!!
ÍLS SONT FOUS CES ROMAÍNS!